愛知産業大学

建築設計
優秀展
2017

愛知産業大学 ACT［編］

「デザインへの挑戦」

現在、建築学科では、設計として本格的に課題に取り組むのは必修である2年の前期から始まり、前後期を通して2課題の設計に取り組んでいる。3年では選択授業となり、受講しなければ2年時の2課題に留まるのである。数と質とは一致はしないと思うが経験は多いほうが良いのである。

授業としての課題は増やすことができないため、平成28年に建築コンペ同好会ACTを立ち上げた。学部で40名程の学生が同好会に参加している。活動としては、学内建築コンペを年3回行っており、授業課題の合間をぬって頑張っている。また、全国学生建築コンペにも積極的に挑戦し、1年で5本参加している学生は、年間で10本課題をこなしていることになる。

数をこなすことの経験値は、課題ごとに事例作品の研鑽や関連資料の調査をすることにより、知識は一過性のものではなく多様な発想に繋がっていくと思うのである。課題に対し自身の考えを生み、それを形に変え表現していく行為は、目前の壁を突き破っていくようなものである。考えることは力となり、やがて生きていくことの挑戦であると思うのである。

愛知産業大学 教授
加藤吉宏

建築コンペ同好会 ACT 活動内容

2016年

ACTとは
Architecture Competition Team の略で"act"が意味するように、何事に対しても『行動していく』という思いから名付けられた。

第2回学内コンペ

課題発表
「現代に住むタテノイエ」
都市の中でタテに暮らす空間を詩的な意味を持たせ、建築を提案する。

結果発表
参加人数が少なくなってしまったが、前回より一段とコンセプトに磨きがかかった提案が増えてきた。

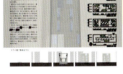

第1回学内コンペ

課題発表
「楽しめるダイニング・キッチンのあるセカンド・ハウス」というテーマを元に建築を提案する。

結果発表
1年生は3年生と共作したりと、1年生の指導役としてコンペ作成をしているところもあった。

- 5月
- 6月
- 7月
- 8月
- 9月
- 10月
- 11月
- 12月

第1回愛知学生建築フォーラム

運営
愛知産業大学・愛知工業大学・名古屋工業大学・椙山女学園の4校で設計製図の課題発表、建築フォーラムを開催した。フォーラムでは、新国立競技場について建築設計の目線から他大学の生徒や先生方と討論をした。

建築設計優秀展

運営
吉村靖孝さんを招いて、講演会、愛知産業大学設計展を行った。吉村さんから製図作品の講評をいただき、貴重な体験をさせてもらった。

2017年

- 1月
- 2月
- 3月
- 4月

第3回学内コンペ

課題発表
「オープンカフェのバス停」
今回テーマは、カフェとバス停といった公共空間の提案となった。狭い敷地をいかに利用するかが問われるテーマである。
※結果発表は4月を予定

目　次

「デザインへの挑戦」...2

建築コンペ同好会 ACT 活動内容...3

開催概要...5

協賛および作品集発行にあたって 6

1. 4年 卒業設計 7

柴田大樹...8

丁帥 10

廣瀬諒人...12

山梨仁実...14

2. 3年後期 課題 17

XU LEI..18

清水上総...20

鈴木郁哉...22

鈴木章吾...24

中村達...26

3. 3年前期 課題 29

鈴木章吾...30

中村達...32

森下亮...34

4. 2年後期 課題 37

浅井英光...38

江崎一季...40

神谷朋佳...42

小谷杏樹...44

後藤諒介...46

齋藤大介...48

竹内建斗...50

萩真穂...52

長谷川寛...54

細井大夢...56

細越建人...58

三輪真太郎...60

開催概要

【テーマ】

愛知産業大学建築学科の設計課題と卒業設計の優秀作品を展示し、

授業における学内だけの評価だけではなく、

他の学生や一般の方々に見てもらう機会としての作品展を行います。

また、他大学との交流を図ることで互いに良い刺激になるのではと考えます。

【主催】

愛知産業大学 ACT

【協賛】

（株）総合資格

【展示作品】

27 点

【日程】

2017 年 4 月 4 日（火）～9 日（日）　10 時～17 時

【会場】

愛知県名古屋市中区金山町 1-1-1

金山南ビル内 名古屋都市センター 11 階

まちづくり広場

【特別企画】

建築家の吉村靖孝氏による記念講演

4 月 9 日（日）　15 時～16 時 30 分・入場無料

協賛および作品集発行にあたって

建築士をはじめとする、有資格者の育成を通して、建築・建設業界に貢献する——、それを企業理念として、私たち総合資格学院は創業以来、建築関係を中心とした資格スクールを運営してきました。そして、この事業を通じ、安心・安全な社会づくりに寄与していくことが当社の使命であると考え、有資格者をはじめとした建築に関わる人々の育成に日々努めております。

その一環として、建築に関係する仕事を目指している学生の方々が、夢をあきらめることなく、建築の世界に進むことができるよう、さまざまな支援を全国で行っております。卒業設計展への協賛やその作品集の発行、就職セミナーなどは代表的な例です。

今回初開催となった「愛知産業大学 建築設計優秀展」では、愛知産業大学 造形学部 建築学科にて設計課題や卒業設計での作品の中から特に優秀な作品が展示されています。当学院では開催の協賛とその開催模様をまとめた作品集の発行をいたしました。また、本作品集では、実行委員である建築コンペ同好会 ACT の皆様が取り組まれてきた成果の記録も掲載しております。作品集を通して学内の後輩や社会に成果を広く発信することが、本設計展のさらなる発展の一助となることを願っております。

近年、人口減少時代に入った影響が顕著に表れ始め、人の生き方や社会の在り方が大きな転換期を迎えていると実感します。建築業界においても、建築家をはじめとした技術者の役割が見直される時期を迎えています。そのようななか、本設計展に参加された学生の方々、また本作品集をご覧になった若い方々が、時代の変化を捉えて新しい建築の在り方を構築し、高い倫理観と実務能力を持った建築家そして技術者となって、将来、家づくり、都市づくり、国づくりに貢献されることを期待しております。

総合資格学院 学院長
岸 隆司

1

4年 卒業設計

市民の憩いの場となる現代美術館

プログラム：美術館（卒業設計）
構想／制作：9週間／5週間
計画敷地：愛知県岡崎市
制作費用：30,000円

柴田 大樹
Daiki Shibata

4年生
加藤研究室

町を活性化させるためには、新たな文化を発信させる建築計画が必要と考える。本提案では、これまで岡崎に馴染みのなかった現代アートという新しいものを取り入れた現代美術館と、市民の憩いの場となる市民ギャラリーをつくり、新しい文化の発信と継承をしていく場所となることを期待するものである。岡崎市は、古くから東西交通の要衝として栄えた街であり、江戸時代には城下町、宿場町として西三河の中心都市として発展してきた。しかし昨今、郊外に飲食店やショッピングモールが立ちだし、人の流れが一気に変わってしまった。そこに建築と街のあり方を考え、岡崎の既存の文化を体験できるとともに来訪者の手によってまた新しい文化を発信していく施設を提案する。

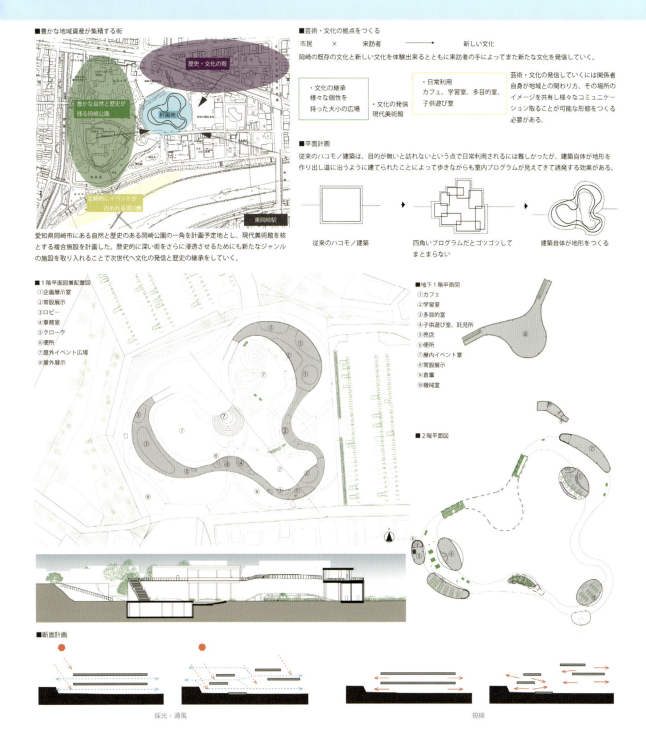

名古屋駅西における商業施設の提案

プログラム：商業施設（卒業設計）
構想／制作：9週間／5週間
計画敷地：愛知県名古屋市
制作費用：5,000円

丁 帥
Sui Tei

4年生
加藤研究室

外観パース：南西側ファサードのカーテンウォール外壁は、内部空間の柱が露出し日本的建築の軽快さを表現している。

外観パース：軒下空間の通路は、長屋のような印象を感じさせる。

名古屋駅西側の地域開発とともに、名古屋の文化を引き継いでいく独創的な商業施設を計画していく。この提案では、名古屋駅を中心に東西地区の個性を生かし、経済発展と利用者重視の空間を目的に、名古屋の文化と地域性を国内および海外へと打ち出していく。この地域に魅力ある歩行者空間を形成するとともに、名古屋駅から短時間の移動で楽しめる空間を提案する。日本の伝統である「高床式」の建築手法と「長屋」に見られる空間の繋がりの計画手法をデザインの核として設計を行った。この商業施設が名古屋駅を中心に東西を繋げることで西側の地区における今後のさらなる発展が期待される。

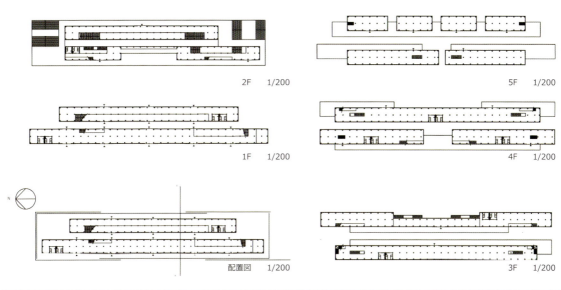

内観パース：ストリート性の高い内部空間より、二棟の吹き抜け部分を見る。
階段から互いの建物が背景となり街としての関係性を打ち出している。

11

都市空間に森をつくる

プログラム：商業施設（卒業設計）
構想／制作：9週間／5週間
計画敷地：静岡県浜松市
制作費用：10,000円

廣瀬 諒人
Ryoto Hirose

4年生
加藤研究室

1階 屋上空間・子どもの遊び場

1階 中央屋外空間

1階 レディースフロア店内

2階 本屋

静岡県浜松市は新幹線が通る地域であるが他の地域に比べ、商業施設が少なく、駅周辺が閑散としているように思われる。その原因として郊外に5つ大型ショッピングモールがあるためである。以前、駅前は商店街が立ち並び、路面店や百貨店でのショッピングで家族連れや若者が集まり、活気づいていた。しかし今では駅前に高層ビルが立ち、公園や広場といったパブリックスペースも失われて、外でくつろげる場所が減少しているのが現状である。このことからパブリックスペースを中心とした、歩きながら楽しめるショッピングモールが必要だと考え、地域を活気づける施設を提案するものである。

ダイアグラム

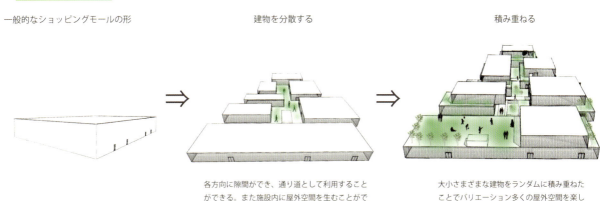

一般的なショッピングモールの形 → 建物を分散する → 積み重ねる

各方向に隙間ができ、通り道として利用することができる。また施設内に屋外空間を生むことができる。

大小さまざまな建物をランダムに積み重ねたことでバリエーション多くの屋外空間を楽しめる場所とし、全て屋上緑化とする。

フロア構成

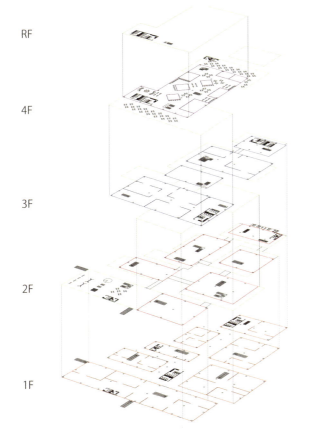

RF
4F
3F
2F
1F

■ 屋外空間

ランダムに建物を積み重ねたことで様々な形や面積のバリエーション多くの屋外空間を生むことができる。ここでお茶したり、くつろいで座るなど使い方は様々である。

■ 4F[フードコート]

店舗の壁を使い、そこをカウンター席として客席を増やす工夫を試みた。またできるだけ緑を感じながら食事してもらいたいと思い、外の客席を多めにした。

■ 3F[メンズフロア]

客層として主婦層がメインになってくると考え、動線を考慮し、上層階に配置した。

■ 2F[物販フロア]

このフロアでは屋外に子どもが遊べる遊具があり、物販店を中心とし、家族揃って楽しめる所とした。また本屋やカフェなど屋内でくつろげるすぺーもある。

■ 1F[レディースフロア]

メインの客層をターゲットとするフロアを1階にもってくることで施設内に入りやすい環境を整えた。

13

複合型スマートタウン

プログラム：スマートタウン（卒業設計）
構想／制作：9週間／5週間
計画敷地：愛知県岡崎市
制作費用：5,000円

山梨 仁実
Hitomi Yamanashi

4年生
加藤研究室

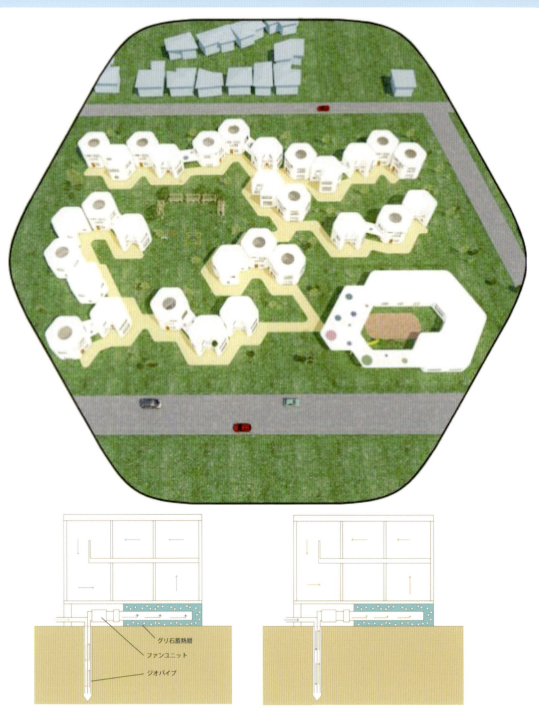

グリ石蓄熱層
ファンユニット
ジオパイプ

岡崎市美合町に新たなスマートタウンの建設を提案する。地球温暖化、子どもの自由な遊び場不足、待機児童に注目し、省エネハウス、公園、保育園を融合することでそれぞれの問題の改善を目指した設計提案である。省エネハウスには地中熱利用システムを導入した。住宅は2プランあるがどちらも六角形を基本とし、面を設けることにより住宅同士が繋がりやすくなりスマートタウン全体がひとつの街となるようにした。公園は敷地の中心にあることで、自由かつ安全に子どもたちを遊ばせることができる。待機児童が増えている中、保育園の開設を周辺住民に反対され開園が出来なくなる問題が増えているが、住宅と保育園を同時に開設することによりその問題が改善されると考えられる。

2

課題
「アートギャラリーをもつコワーキングスペース」
指導教員　加藤吉宏　教授

名駅周辺は、東側に比べ西側の開発が遅れていましたが、現在プロポーザルコンペによる新たな提案の創出や街としての在り方を模索しているところであります。
現在、多くの商業施設や新たにリメイクした飲食店が多く出店され、若い世代を中心として活気のある街に変わりつつあります。
名駅東のような画一的な都市の存在ではなく、この地域をさらに活性化させ個性のある文化的なエリアになる計画を期待します。

設定敷地

設計条件
計画地：名古屋市中村区則武1丁目5-1
敷地面積：800㎡
用途地域：商業地域、防火地域
アートギャラリー：
　自身の好きなアーティストを設定
　アートショップ、カフェを併設する
シェアオフィス：
　オフィス機能を確保しつつ、
　新たなシェア機能を持たせる

3年後期 課題

自然　生活　人

プログラム：アートギャラリーとオフィス（3年次後期設計）
構想／制作：9週間／5週間
計画敷地：愛知県名古屋市中村区竹鼻町37番15号
制作費用：5,000円

XU LEI
Rai Kyo

3年生
加藤研究室

外観パース

1階　カフェショップ

都市を歩いていて、街のある一部が変化し、街の中にグリーンが増える。

露天カフェ
あさのひととき、街の風景を見ながらカフェを飲んでいると楽しい一日が始まることを予感させてくれる。

ギャラリー入口

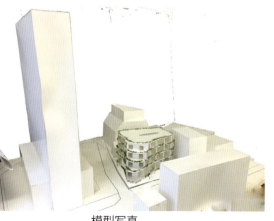

模型写真

風景が限りなく素晴らしい、とは良く言われる言葉だが、残念ながら名古屋のような都市で見られる景色は、多数の自動車や人々が往来する風景である。豪華に飾られた建築ではなく、自然に寄り添い地球と共生できる建築を追求したい。都市を歩いていてある日突然「街の一部が変化した！」という瞬間に出くわすこと、街の中に急にグリーンが増えた場所に出くわすことがあり、街の中にグリーンが増えるだけでも、だいぶ景観に変化がもたらされる。

リラックススペースとして、緊張と緩和のバランスのとれた職場環境を演出する。

共用休憩スペース

視界が開けて開放感のあり快適な都市仕事空間を創造する。

2階バルコニー

模型写真

模型写真

19

I'll see from the sky　〜情報共有の場〜

プログラム：アートギャラリー＆コワーキングスペース（3年次後期設計）
構想／制作：5週間／10週間
計画敷地：愛知県名古屋市中村区則武1丁目5-1
制作費用：10,000円

清水 上総
Kazusa Shimizu

3年生
加藤研究室

○カフェフロア
　1階の日が当たりづらいところにあり、周りも建物ばかりの場所なので、できるだけ自然を感じてもらいたいと思い建物内のカフェ横のスペースに木を植え、フローリングも木のフローリングを使用している。

1階内観　カフェフロア

一番のこだわっている部分は上から見たときの見え方。ここの隣には60m超えのホテルなどが建っており、四方が高い建物に囲われている。その為、周囲からは見えづらい。そこで他の建物から見たときや、航空マップなどで見たときに目につきやすいような形にしてある。また、中はコミュニケーションができる空間を意識している。

こだわりは休憩ルームで、平面図の青色に塗られた部分だ。オフィスより大きく休憩ルームを設けた理由は情報交換の場として使用してもらいたかったからである。一つの建物にいくつもの企業が入っていることがコワーキングスペースの特徴で、様々な企業の会話や情報の共有の場を作ることで、特徴をさらに活かせればと思い大空間の休憩スペースを設けた。

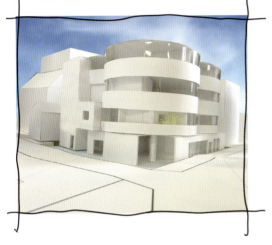
外観模型写真

上空パース

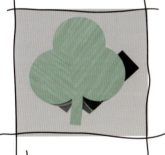

青：休憩スペース
赤：会議室
黄：コワーキングスペース
緑：喫煙所＆休憩スペース

3階内観　休憩スペース

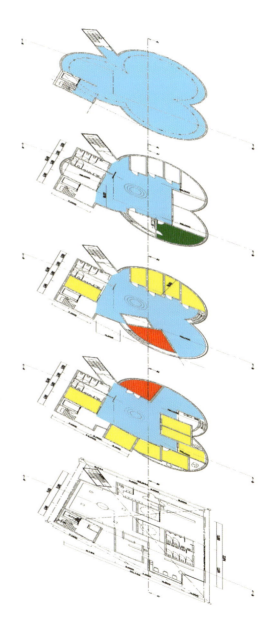

色と建築

プログラム：アートギャラリーとオフィス（3年次後期設計）
構想／制作：9週間／5週間
計画敷地：愛知県名古屋市中村区竹鼻町37番15号
制作費用：5,000円

鈴木 郁哉
Ikuya Suzuki

3年生
新井研究室

アートギャラリーの展示は、宮崎駿だ。
宮崎駿が作る建築は、特徴の一つに吹き抜け螺旋階段がある。『千と千尋の神隠し』、『コクリコ坂』などの映画作品をはじめ、宮崎駿が自ら設計に関与した実際にあるジブリの美術館まで、吹き抜け螺旋階段が見られる。今回は、この吹き抜け螺旋階段を中心に考えた。
1階はジブリのアートギャラリーとカフェになっており、アートギャラリーの外壁はガラスが比較的多く開放感があり、北側にはジブリの演出がされている庭がある。カフェは吹き抜けになっており、そこから見上げると1階から屋上まで見える。すべての階をつなげる空間を作った。上階は個室の間には、誰もが自由に使用できるスペースを作る。外からもオフィスで働く人が見え、オフィスで働く人からも1階に集まる人が見える。存在を明確に認識し安心感を与え、セカンドオフィスで働く人は名古屋を仮拠点にしているだけなので、名古屋に住む人を見ることで名古屋をまた来たくなる場所にし、夢のあるものにしたい。

今回の敷地は、名古屋駅西側で歩いて数分という比較的近い計画地になっている。この場所は駅の東側と比べて発展途上であり、敷地の西側には住宅地、敷地の東側には、飲食店やビックカメラがある。住宅地と都市の境に計画地がある。そんな名古屋駅西側は、朝は目的地に向かうためこの場所を通り、夜は飲食店の看板が輝く下を、人は立ち止まりながら帰宅する。住宅地には、まだお年寄りも住んでおり、都市が進むにつれ住みづらい環境になってしまうのではないかと考え、私は気軽に都心部に遊びに行けるような、誰もが安心して集まれる場所を提案する。

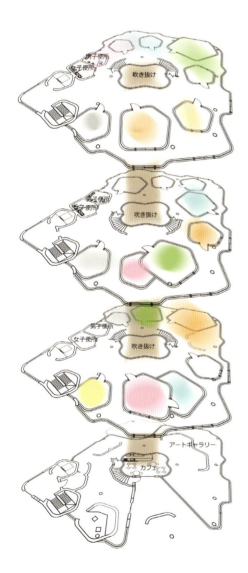

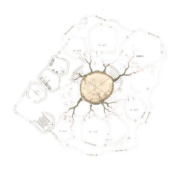

上階は吹き抜け螺旋階段を中心に配置し、各階すべてがこの階段から広がりを見せる。
①幹→吹き抜け
②枝→動線
③花→部屋

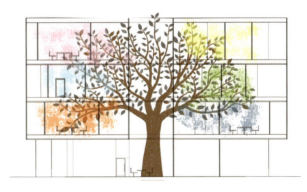

2階から4階までセカンドオフィスの個室が無差別に配置されている。各個室の壁はいろいろな色のガラスになっており、大きな木の周りにいろいろな色の花が咲くようにジブリ作品のファンタジーさを演出する。

積層する空間

プログラム：アートギャラリーをもつコワーキングスペース（3年次後期設計）
構想／制作：9週間／5週間
計画敷地：愛知県名古屋市中村区則武1丁目5-1
制作費用：3,000円

鈴木 章吾
Shogo Suzuki

3年生
加藤研究室

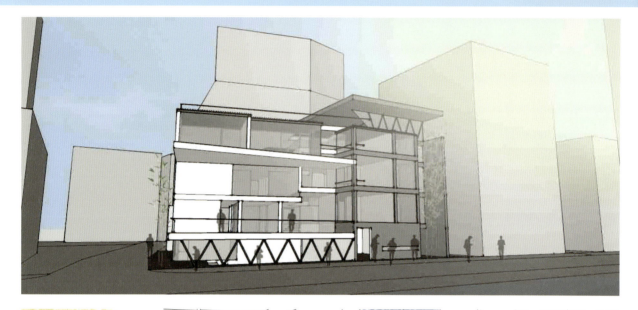

この計画地は、名古屋駅の西口すぐに位置している。名古屋駅西口の開発により活気ある町へと変化しつつある。計画地のさらに西側には住宅が多く密集している地域がある。計画地は、古くからある住宅地と開発による都市化の進む地域の間に位置する。

アートギャラリー

墨絵アーティスト

龍や侍などの古典的なものからスポーツ、ミュージシャンなどを描く。スポーツを描いた作品が有名。東京五輪が控えたこの国をここ名古屋から盛り上げる。

連続した部屋　部屋を分離　箱と箱の空隙に室・シェアスペース・外部空間を差し込む

スラブに箱を貫通させる。
天井高が変化し空間を分ける。
床高が変わる。
同じ空間の中で視線を変え、
空間を独立させる。

24

名古屋駅周辺は、東側に比べ西側の開発が遅れていた。今回の開発で、大木の商業施設や新たにリメイクした飲食店が多く出店され、若い世代を中心とした活気のある街に変わりつつある。ここにアートギャラリーをもつコワーキングスペースを提案する。昔、大人の遊び場として栄えたこの土地に新たなビジネスの拠点を造る。ITの発展により、オフィスに行かなくてもパソコン一つでどこでも仕事が出来る。わざわざ会社に行かなくても自宅近くのコワーキングスペースで働ける。短期間の名古屋での仕事の時の一時的な拠点としてスペースを借りる。開発による都市化と古くからある住宅地の間に新しい働き方を提案する。

配置図兼1階平面図　　2階平面図

1階のギャラリーは広い空間に箱を2つ置く。箱の内と外で空間を分けている。空間を別け、箱の出入り口を限定することで人の動きを造りショップ、カフェへと流れを造ることができる。

大きな2つの箱の中に小さな無数の箱を入れ込む。大きな箱、小さな箱、空隙この3つの要素がそれぞれの空間を作り出し、上下左右自由に存在する。

3階平面図

4階平面図

屋上平面図

1階のアートギャラリーはグランドレベルから2000mm掘り下げている。施設内の作品を観ていると、頭上から光が落ちてくる。2.3.4階はそれぞれ2枚ずつ計6枚のスラブで形成している。各階に1000mmのレベル差をつけることで空間が一体になっているシェアスペースを大きく2つに分け、利用の幅を広げている。

今をつなぐ曲がり角

プログラム：アートギャラリーをもつコワーキングオフィス（3年次後期設計）
構想／制作：9週間／5週間
計画敷地：愛知県名古屋市中村区則武1丁目1-5
制作費用：4,000円

中村 達
Tooru Nakamura

3年生
加藤研究室

道路から建物全体を見る

アートギャラリーを見る

階段状のギャラリーは動きのある写真を
動きのある空間に窓からの光が差し込む
次に見るアートへの期待感を高めていく

動的空間

静的空間

奥へ進むと光の届かない静かな空間が
落ち着いた写真が展示できるスペース
ゆっくりとした時間でアートを味わう

設定敷地は名古屋駅を含む現代的なビルが立ち並ぶ地域と昔ながらの街並みが残る地域の中間にある。開発が進んでいる設定敷地周辺。しかし今までのように高いビルが建ち並んでしまっては普通の町と変わらず、人々は飽きてやがては来なくなるだろう。そこで今回の設計では、設定敷地を始まりとして昔の町並みを取り戻していくことを考える。建物は二つのファサードからできており、現在ビルが建ち並んでいる東側にはガラスが使われておりビルと馴染んでいる。一方でこれから開発が進む西側に進んでいく道路面にはルーバーが使われており空間の変化が感じられる。この建築は現代的なビルと昔の町並みをつなぐ役割を果たそうとするのである。何があるのか気になる通路への入り口である。

屋上スペースを見る

二つの顔を持つファサード。ガラスが輝く東面はビルが立ち並ぶ現代の街並みにつながる。一方、格子がのびる南面はこれから開発される新たな街並みにつながっていく。

また休憩スペースとなっている屋上テラスにはルーバーの間から光が降り注ぎ、やわらかな空間となっている。

中庭は仕事に追われる人々にひとときの休息を。各階から中庭につながっており、植栽を植えるレベルに変化をつけることで、それぞれの目線で緑を見ることができる。

オフィス入口を見る

オフィスロビーを見る

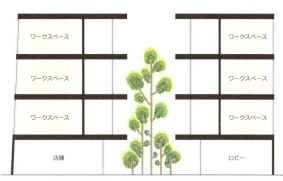

27

3

3年前期 課題

都市の隙間　箱を積む

プログラム：店舗を含む集合住宅（3年次前期設計）
構想／制作：9週間／5週間
計画敷地：愛知県名古屋市中村区竹橋町37番15号
制作費用：3,000円

鈴木 章吾
Shogo Suzuki

3年生
加藤研究室

敷地

名古屋駅西口の再開発により計画地近くまでビル群が迫る。計画地の北に商店街があり、近隣住人の多くが利用する。リニアの開通と名古屋駅西口の再開発により遠方からの観光客が増えていく。

計画地

中央新幹線リニアの決定により、街としての都市化が進んでいる。名古屋駅西側は東側より開発が遅れているが、現在は若い世代を中心として活気ある街に変わりつつある。古い殺伐とした建物と真新しいビル群と入り混じった名古屋駅西口。リニアの開通により、東京が近くなり多くの人が新しくなる都市に訪れる。そのリニア利用者と新しくなる都市の住民との交流拠点となる。この建築には、周辺の学校に通う学生が暮らし、地域住民の方が集い、リニア利用者の遠方の方が流れ込む。それぞれの生活を営む個々の集まりであった都市に人との交流を誘発させる建築を提案する。

1階平面図

2階平面図

3階平面図

計画地は3面を道路に囲われている。自転車や徒歩がメインの交通手段である。近隣住人やリニア利用客の交流の拠点となるカフェを置く。徒歩、自転車で訪れた人々が半地下部分へと流れる。階段に腰かけ話をする。カフェでゆったり時間を過ごす。

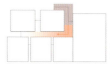
エントランスの統一によるシェアハウス・集合住宅に住む人のかすかな交流、コミュニケーションを生む。

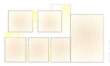
集合住宅は個々が独立し互いの間に隙間を造る。そこから外からの自然光、雨、風が入り込む。外の自然が建築の中で感じることのできる領域が出来る。

断面図

オープンスペースはゆるい階段と広いスペースがあり、上には建築が覆いかぶさり外と中との間となる空間を作る。ゆるい階段はベンチとして腰かけ、本を読むことが出来る。観光客や近くを通る街の人が、晴れている日は日陰で休む、雨の日は雨宿りをする。そこでちょっとしたコミュニケーションが生まれる。ゆるい階段はカフェの中へと一続きになっている。オープンスペースでの出会いがカフェの中へと持ち込まれ、深まる。

都会の森 憩いの森 みんなの森　—人々が自然と集まる空間—

プログラム：カフェ・シェアハウス・集合住宅（3年次前期設計）
構想／制作：9週間／5週間
計画敷地：愛知県名古屋市中村区則武1丁目1-5
制作費用：4,000円

中村 達
Tooru Nakamura

3年生
加藤研究室

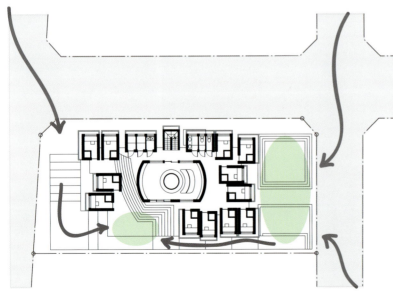

ふたつのオープンスペース

敷地内に設けられたふたつのオープンスペース。店舗へのアプローチ周りのオープンスペースは、カフェのテラスとしても使用でき、カフェ以外でも駅西銀座などのお店で購入したものを持ち寄り、木陰でひと休みするようにくつろぐことのできる空間となっている。シェアハウス付近のオープンスペースは住民のほかにも環状線を使用する人たちが立ち寄りひと休みできる空間となっている。環状線との境には、木々が植えられており環状線とは切り離された空間が作られている。

敷地は名古屋市中村区にある。中央リニアの決定により、街としての都市化が進んでおり現在若い世代を中心として活気のある街に変わりつつある。北面と東面には路地のように複雑な道が続いており、少し進むと名古屋駅へと続く駅西銀座という商店街があり、小さなお店が軒を連ねている。敷地周辺はあまり高い建物がなく周りからの圧迫感はほとんどない。活気あるこの街に人が集まり空間をシェアできるような建築物を提案していく。建築物をひとつの森のように見せ、周りの人々に興味を持たせ自然と人が集まる空間とし、森の中で都会を忘れ心身を休めることができる空間を目指す。

1階　カフェ
森の中にあるカフェをイメージ。
入り口を入ると中庭にあるシンボルツリーがお客様を出迎える。店内は3つのスペースに分かれている。入り口付近は明るく開放的な空間となっており、若者をターゲットとしている。中央の少し落ち着いた部分は中年の奥様方をターゲットとし、会話を楽しめる空間となっている。最も奥の空間は、会社員などをターゲットとし、仕事の打ち合わせとして利用できる落ち着いた空間となっている。それぞれの空間には床高に変化があり、壁を設けずに空間を区切っており、圧迫感を与えないようになっている。

2階　シェアハウス

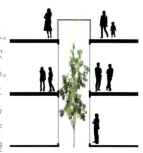

１２人を収容できるシェアハウス。階段を上がった2階部分は風が吹き抜ける半屋外空間となっている。みんなの集まるリビング・ダイニングは靴を脱がずにそのまま入ることができ、誰もが楽に行き来できる空間となっている。中庭を望む中央にはガラスを囲うようにベンチが設けてあり、そこに座り食事を楽しんだりテレビを見たりしてくつろぐことができる。また、中庭を通し明るい雰囲気をカフェや集合住宅に伝えることができる。個室はデスクを設け、その上にベットを設けスマートな空間となっている。

3階　集合住宅
1LDKの集合住宅。
玄関を入り、進むとLDKが現れる。天井が高く広々とした開放的な空間となっている。キッチンは対面式となっており、リビングや外の風景をながめながら料理ができる。水回りの上にはロフトを設け、寝室として利用できるようにした。ベランダ側には大きく掃出し窓と高窓を設け、リビングだけでなくロフト部分にも光が差し込むようにした。ベランダには、大きなプランターのように仕掛けを設け、植栽することで周りからの視線が気にならないようにした。

箱でつながる空間

プログラム：店舗兼共同住宅（3年次前期設計）
構想／制作：9週間／5週間
計 画 敷 地：愛知県名古屋市中村区竹橋町37番15号
制 作 費 用：5,000円

森下 亮
Ryo Morishita

3年生
武田研究室

名古屋駅から徒歩で5、6分の立地にあり、また、桜通線がすぐそばを走っているので交通の便はとても良い。マンションや住宅が多い場所だが、すぐ近くに「銀座商店街」があり多くの人たちで賑わっている

名古屋市の環状線がすぐ横を通っており、現在は駐車場として使われている場所。ここに、地域と学生が交流できる空間作りを提案する。今はあまり目立ったものの無いこの場所に地域と学生が協力してイベントなどが行えるよう、カフェの横に少し広めのオープンスペースを設けた。また、この共同住宅に住む人達用のスペースも用意し、学生と社会人が交流できるように提案。周囲には緑が少なく圧迫感もあるため、建物に緑化したスペースを設け、外からも内からも緑が溢れるようにした。シェアハウスの廊下では、緑を感じながら学生同士が交流し合える空間作りを行った。

発想の原点

まず、現地調査をして思ったことは歩行者が少ないということである。この敷地の近くには大学や地下鉄といった学生が集まる場所はあるが、この場所の前は通行量が少ない。そこで、この商業建築がこの町の中心とならないかと考えた。この敷地の近くには銀座商店街があり、名駅に直接行けることもありそれなりに賑わっている。そこで、その商店街とシェアハウスに住む学生がこの建物のオープンスペースでイベントができるような商業建築にしようと考えた。

正面側はシェアハウスの住民の専用の庭に、反対側のオープンスペースでイベントが行われる際には駐車場として活用が可能

シェアハウスのLDKはすべてつながるように広めにとっており、ダイニングテーブルは二つにし窮屈なく空間を広く見せられる

カフェは、少しアンティークな雰囲気が出るように木材を壁と床面に使い、席も等間隔に置くのではなくランダムに置き少しラフな感じを出している。

1ルームと1LDKに2種類の部屋を半分ずつにし、1LDK側はロフトにし外観にもボリュームが出るようにしてある

35

4

課題

「都市の時間と共に住む」

指導教員　加藤吉宏　教授

中央新幹線リニア（品川〜名古屋間）の決定により、街として、より都市化が進んでいます。
名古屋駅西側は東側より開発が遅れており、多様な商業施設と住宅が混然とした都市構成となっている。現在では若い世代を中心とした活気のある街に変わりつつあります。
この名古屋駅から徒歩3分程に位置する、西側の環境を新たな都市への提案となるような、魅力のある商業施設付住宅を設計してください。

設計条件
　計画地：名古屋市中村区則武1丁目3-1
　敷地面積：400㎡
　用途地域：商業地域、防火地域
　構造：構造自由、2階建て
　住宅兼店舗：夫婦、子供1人で住宅100㎡程度とカフェ80㎡程度
　店舗（テナント）：ジャンルは選ばない、80㎡程度
　外構計画：住宅用駐車場台数1台、店舗用駐車場台数は自由。
　　　　　　オープンスペースを確保し機能を持たせる。

2年後期 課題

混成する径

プログラム：住宅付商業施設（2年次後期設計）
構想／制作：14週間／1週間
計 画 敷 地：愛知県名古屋市中村区則武1丁目3-8
制 作 費 用：1,000円

浅井 英光
Hidemitsu Asai

2年生

現在、急速に都市開発の進む名古屋駅西側に取り残された地区がある。
本提案では都市性と郊外性が混成する計画地周辺に対し、都市性、郊外性、自然性の要素を表すことで名古屋の時間と共に住まう空間を造りだす。
3要素が混成されることで径が生まれ、都市の時間を認識させる空間となる。

都市
日中の長時間を過ごす場所

郊外
夜の時間帯だけ活動する場所である

自然
郊外のより深い位置に存在する

径への入口

外観

植物屋

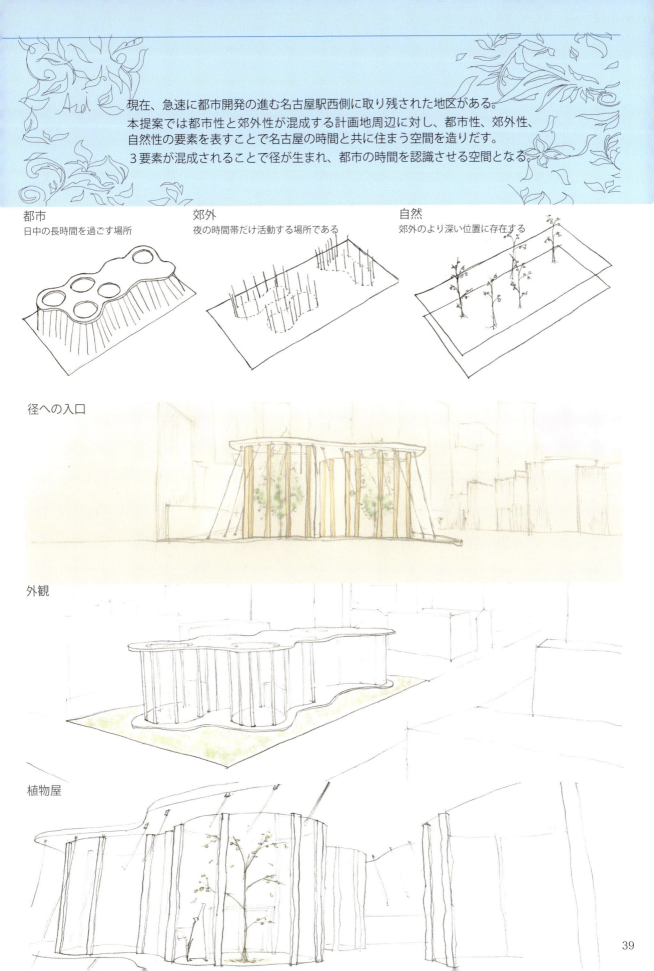

循環するまち

プログラム：住宅付商業施設（2年次後期設計）
構想／制作：14週間／1週間
計画敷地：愛知県名古屋市中村区則武1丁目3-8
制作費用：1,000円

江崎 一季
Kazuki Esaki

2年生

求積率

	住宅	カフェ	物販
建築面積	51.365 ㎡	58.133 ㎡	46.487 ㎡
1階床面積	51.365 ㎡	58.133 ㎡	46.487 ㎡
2階床面積	47.207 ㎡		
延べ床面積	98.572 ㎡	58.133 ㎡	46.487 ㎡
建蔽率	38.252%		
容積率	49.829%		

現代の名古屋市は、車社会と呼ばれており、自動車がないと不便で自由に生活することができない。したがって自動車を生かしながら人を癒す提案をする。

自動車は、エネルギーを用いて動いているため、エネルギーを補充する場所が必要で、現在はガソリンを主なエネルギーにしているため、ガソリンスタンドが多く存在している。

だが、未来にかけるにつれ、エネルギーは移り変わり、電気が主なエネルギーとなる。人間もまた、エネルギーが必要で人それぞれエネルギーになるパーツが存在しそれが変化する場合も存在する。

本提案はそれらの自動車や人間を計画地に集合させ保全させることが目的である。

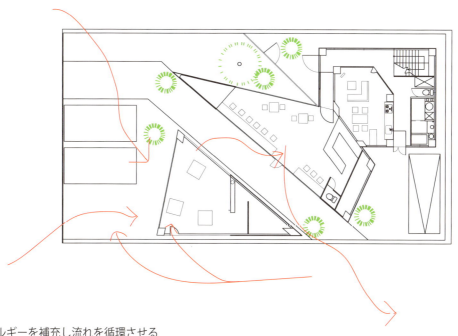

人と車のエネルギーを補充し流れを循環させる
物販で車のエネルギーを充電させ、カフェで人のエネルギーを充電し、
それぞれを補える両立した癒しの空間となる。
そして、エネルギーを蓄えたものは次の目的地に移り、新たな循環を生み出す。

41

都市に開く大屋根

プログラム：店舗併用住宅（2年次後期設計）
構想／制作：3ヶ月
計画敷地：愛知県名古屋市中村区則武1丁目3-8
制作費用：2,000円

神谷 朋佳
Tomoka Kamiya

2年生

敷地

名古屋駅西側。駅側から外に向かって上昇する屋根が地下からの人の流れを導く。

オープンスペース

大きく張り出した屋根でお店を利用しない人でも気軽に雨や日差しを避けることができる。

住宅　バルコニー

住民専用の広いバルコニーからはオープンスペースの様子をうかがうことも出来る。

靴屋からの眺め

靴屋とカフェはオープンスペースを挟んだほど良い距離感にある。お互いに目がとまるようなプランだ。

中庭とバルコニー

住宅から経営するカフェへの動線をいくつか確保することで移動がスムーズになっている。

名古屋駅の西側には中・低層の住宅や店舗が広がる。東側の高層ビル群には無い西側ならではの居心地の良さが残っている。そこで、駅側から外に向かってなだらかに上る屋根をかけ、落ち着いた低層地区の特徴を生かしながらも発展していく店舗併用住宅を提案する。オープンスペースまで張り出した大きな屋根が店舗と道路の境界を曖昧にすることで人の溜まりと出会いを生み出す。住宅では、屋根の隙間から外の風景を眺めることができる。屋根で下からの視線を遮ることでプライバシーを守りつつも有機的に開けられた穴から光・風・雨を取り込む。

ひとつの大きな屋根の下でカフェのオーナー、カフェを利用する学生・会社員、靴屋のお客さん等々…
それぞれの営みが交錯する。

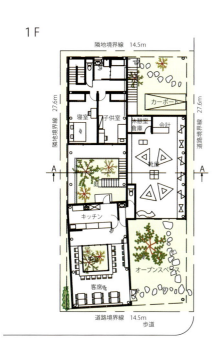

平面図　1/400

靴屋

カフェ

住宅

東立面図　1/400　　　A-A 断面図　1/400

まったり過ごせる自然豊かな憩いの場

プログラム：住宅兼商業施設（2年次後期設計）
構想／制作：10週間／3週間
計画敷地：愛知県名古屋市中村区則武1丁目 3-8
制作費用：3,000円

小谷 杏樹
Anju Kotani

2年生

　1階は南側と東側に向けてカフェとテナントを配置した。歩いている人から見えるように東側のテナントの窓は横に細長い形にした。2階の住宅のテラスのラインとデザイン的にも合うようにした。芝生や落葉樹、低木などで自然を感じられるようにし、テナントやカフェの床材も木材で統一した。
　カフェのテラスは人が自然の中でピクニックしているような雰囲気を出すため、畳に座布団を引いて座るスタイルの席とした。少し奥まったところに作ることで、開放しすぎないちょうどよい空間となる。

南立面図

東立面図

この場所は名古屋駅から近く、人通りが多く、車の出入りも多かったため、歩いている人などに見えるように南側と東側にカフェとテナントを配置することにした。テナントでは、日光がよくあたる場所だったのでアクセサリーを販売するショップにして、アクセサリーに日光が反射してキラキラと輝くように計画した。住宅はカフェとテナントとは雰囲気を変えてリラックスできるように2階を全て使い、1階には玄関と2階へ続く階段だけを配置し収納を大きく設けた。駅の近くということもあり、緑を多く、和風にすることで都会の慌ただしい雰囲気を忘れ息抜きができるように計画した。そのため、カフェにはテラスを設けて、常緑樹により1年中緑を感じられる場所と落葉樹により季節の移ろいを感じられる場所として計画した。

2階は1階と雰囲気を変えてリラックスできるように全面住宅とした。どの部屋にも明るく太陽の光が入るように外側に設けつつ、家族のつながりを感じられるように部屋をつなげた。

プライベートな庭を設けるために南側に大きくテラスを設け、畑や家庭菜園場を作り、家族で楽しめるようにした。また、東側に向いている和室の前のテラスは落ち着けるように床材の色のトーンを落とした。また、テラスと和室の間の廊下は茶室の露地をイメージしフローリングの目地を和室に沿うようにした。そのため、和室も茶室に合うように4畳半とした。

求積表	
建築面積	181.31 ㎡
1階床面積	181.31 ㎡
2階床面積	88.25 ㎡
延床面積	206.56 ㎡

人と水との見え隠れ

プログラム：住宅付商業施設（2年次後期設計）
構想／制作：2ヶ月／5日
計 画 敷 地：愛知県名古屋市中村区則武1丁目3-8
制 作 費 用：1,650円

後藤 諒介
Ryosuke Goto

2年生

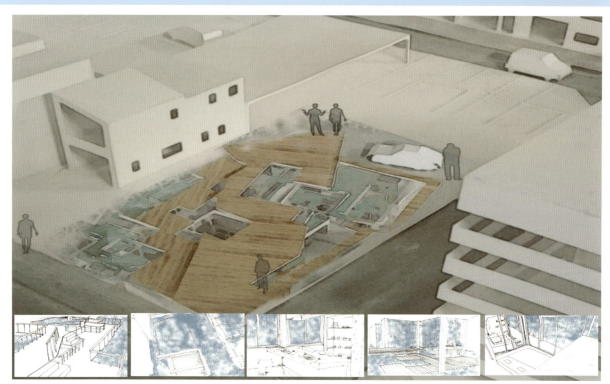

水で心を修復

都市で働く人は、人との距離が近すぎたり、遠すぎたり、極端であるためバランスがとれず、心を癒す機会がない

人との距離を把握する視覚を、見え隠れする水空間で崩し、人との距離のバランスをとることで心を癒す

引き違い天窓にし、水空間を用途に合わせて必要な大きさにする

引き違い窓を閉めると大きな空間になり、複数人の空間になる

引き違い天窓を開けると小さな空間になり、一人の空間になる

地下に建築する

地上での水空間は風によって崩れたり、通行人の視界に入り落ち着けない

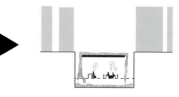

地下での水空間は風の影響を受けず、人の視界にも入りづらい地下に建築することで安定した水空間をつくる

名古屋駅東口には、働くための四角のビルを建てる都市開発が進められている。これに平行してデスクワークを主な仕事とする人々が名古屋駅東口に集まってくる。これは人口が急激に増え、窮屈で仕事に追われる日々がつくられていくことになり、名古屋駅東口側で働く人々の心を壊していくことになる。しかし、心が壊されていくのは名古屋駅西口側も同じで、この働くための都市開発の計画が西口側でも進められている。
そこで、計画地を拠点として、名古屋駅西口側を人々の心を壊すのではなく、心を修復できる都市に築き上げる。
そのためにまず、名古屋駅西口側にない川を、水を使った建築として、都市で働く人々にあたえる。そのあたえ方は、カフェ空間を水でつくることである。

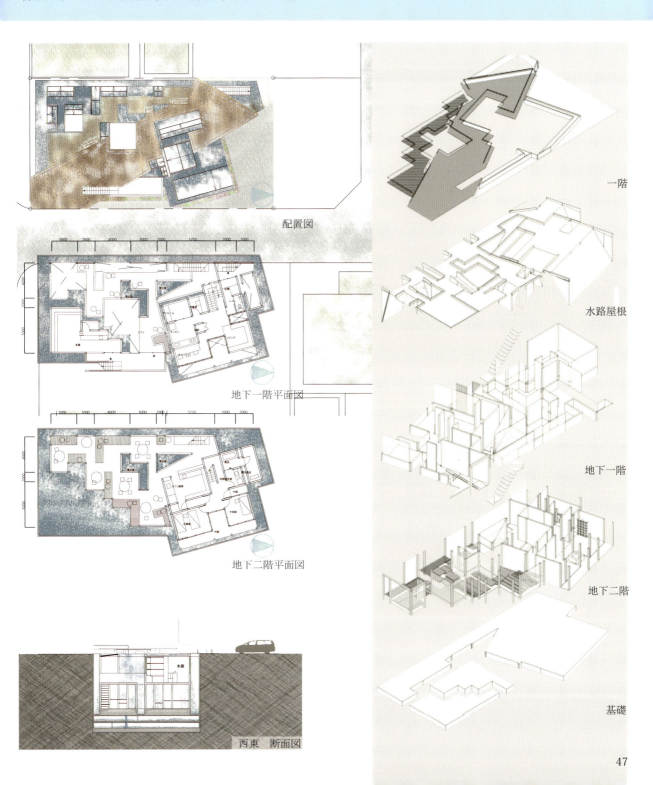

和と和の融合空間

プログラム：住宅付き商業施設（2年次後期設計）
構想／制作：14週間／1週間
計 画 敷 地：愛知県名古屋市中村区則武1丁目3-8
制 作 費 用：3,000円

齋藤 大介
Daisuke Saito

2年生

正面から

カフェの機能として観光案内の要素も持つので、訪れた外国人といつも来ている地元の人とが交流することが出来るので、客同士の輪が生まれる（輪）。カフェの店内は国産材で作られており、囲炉裏も置かれており日本らしさを感じさせるものが多くあるので和を感じる事が出来る空間となる（和）、また囲炉裏を囲んで話をするというスタイルは和風のコミュニケーションなので日本の文化を知ることもできる。これに関連して物販店では、和菓子を販売する、そこで買ったお菓子をそのままお土産にしてもいいし、カフェで茶菓子としても使うことが出来るので、日本の文化である茶道にも触れることができる。

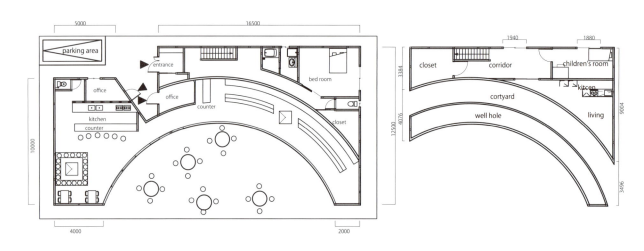

1階平面図　300/1　　　　　　　　　　　　　　　　2階平面図

名古屋では2027年にリニア開通が予定されている。名古屋市の計画では計画地を含む名駅西側の再整備を計画しており、近年では外国人観光客が増えて来ているので外国の人が多数来ることも十分あり得る事であり、計画通りになれば、国内国外を問わずさらに観光客が訪れることが考えられる。また、計画地のある名駅西側の部分の土地では、都市部の町にもかかわらず昔から住んでいる人の住宅が多く残っており、そこに住んでいる住民が来ることも考えられる。

建物上部から

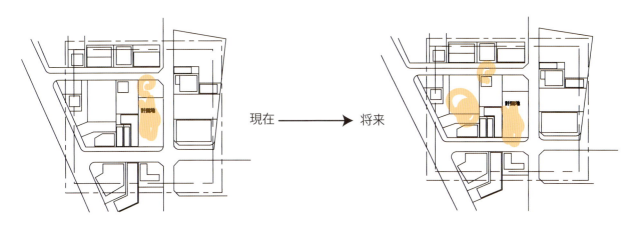

現在　→　将来

この計画は持続的に続いていくプランとなっている。周辺にはまだまだ多くの空き地が存在しておりそこの空き地は使い道がなくしょうがなく駐車場になっているケースが多く、今回の計画地もその一つの土地であるのでこの場所を周辺の土地の使い方の手本となれば、他の空き地となっている場所でも同じように地域住民と観光客がかかわる事が出来るようになり、外国人が日本の伝統を学ぶ事が出来るようになる。この場所の最大のポイントは名駅から徒歩10分圏内であることであり、他の同じ規模の都市の「大阪、東京」にはないものであり、活性化させる事が出来れば名古屋の魅力となる。

森のカフェへのケモノ道

プログラム：住宅付商業施設（2年次後期設計）
構想／制作：14週間／1週間
計画敷地：愛知県名古屋市中村区則武1丁目3-8
制作費用：2,000円

竹内 建斗
Kento Takeuchi

2年生

南側ケモノ道

東側ケモノ道

物販入口

今回の設計課題では名古屋駅のすぐ近く、徒歩5分の場所に計画することとなった。都市の喧騒から隔離され、落ち着いて一息つける温かい森とそこを通れるケモノ道を作る事が今回の提案である。ケモノ道は、蛇行させ、暗い部分や明るい部分、狭い部分や広い部分と多彩な顔を持つ。その道を通る人やカフェからの眺めのそれぞれで違った楽しみ方ができる。

住宅では子供室の3枚扉を開放することで、リビングダイニングと子供室が一体となった広い空間を生み出す。子供が小さいときはリビングで勉強するために子供室が使われないということを減らし、親元を離れたときにはただの物置にしないという狙いもある。都会に生まれた森によって都市の喧騒を忘れさせ、たまり場を作る。人々は森と繋がることで人と繋がっていく。

1階平面図兼配置図 1/250

1階平面図兼配置図 1/250

住宅内観パース

都市に広がる緑の丘

プログラム：住宅付商業施設（2年次後期設計）
構想／制作：13週間／2週間
計画敷地：愛知県名古屋市中村区則武1丁目3-8
制作費用：1,500円

萩 真穂
Maho Hagi

2年生

屋上緑化から都市への広がり

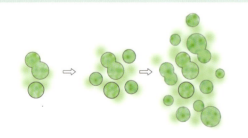

設計のテーマとして緑化を取り入れた。
物販、カフェ、住宅の屋根を繋げることで、菜園場所を幅広く取ることができるよう設計をした。
この無造作に並ぶ円柱は、未来への緑化の広がりをイメージしている。緑がほとんどないこの計画地で、敢えて緑化をし、徐々に菜園や緑化を増やして地域の緑化への意識を高めさせる。

物販からカフェ、人との繋がり

野菜を育てる　　物販で買える　　カフェで野菜を使える

今回の設計の目的として、店と人の繋がりも考慮した。物販では野菜を中心に買うことができる。そこで買った野菜は、カフェへ持っていくことで新鮮なまま調理をしてもらうことができる。
カフェは、基本的に野菜中心の食事を摂ることができ、幅広い年齢層の人が行きやすい立地条件と店舗であるため、地域の人に親しまれやすい空間を提供できる。

今回の設計場所となる名古屋の現状は、東側には多くの人が集まるが、郊外になると訪れる人が極端に減少する。また、特徴的な印象が少なく、緑もほとんどない。名古屋に求められるものとして、緑化、郊外の発展を取り上げてみた。緑化が進めば名古屋のイメージは大きく変わり、緑化に対する地域の人々の意識が高まるきっかけとなるのではないだろうか。

そこで、名古屋ではなかなか見られない屋上菜園の設計を考えた。屋上で野菜を作り、地域の人々に名古屋で作られた野菜を食べてもらう。そうすることで、地域の関わりを増やすだけでなく、地域外の人々も呼び込み、店のPRにつなげる。
そんな、名古屋の緑化を発信し、特徴を生み出す1つの拠点として提案する。

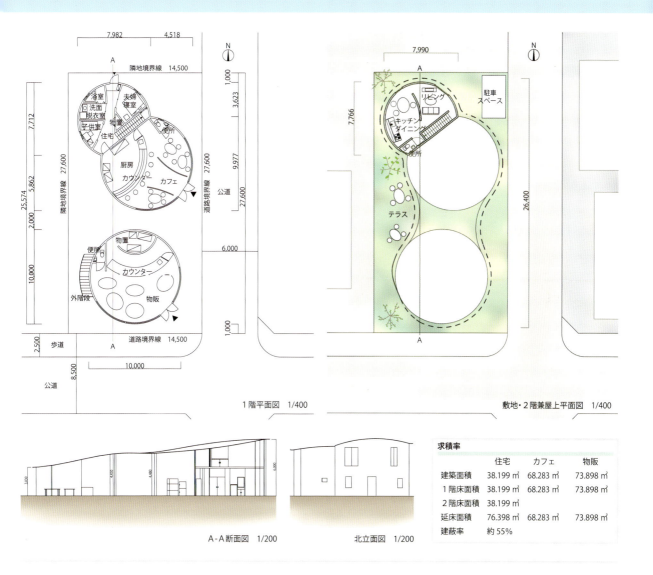

屋上菜園

屋上菜園では、季節に合った野菜を育てる。十分な収穫が得られる広さと、断熱性を備えている。

物販とカフェの構造

物販とカフェは、ガラスで建物を覆うようなデザインになっている。暖かい光が差し込む空間。

その他

物販には外階段があり、そこから屋上に上がることができる。その他、テラス、駐車スペースも設けている。

都市の時間とともに住む また来たくなる自分の居場所

プログラム：住宅付商業施設（2年次後期設計）
構想／制作：10週間／5週間
計 画 敷 地：愛知県名古屋市中村区則武1丁目3-8
制 作 費 用：5,000円

長谷川 寛
Hirosi Hasegawa

2年生

平面図から見る建物のコンセプト

一階部分は住宅、カフェ、雑貨屋。二階部分は住宅となっている。中庭はカフェのテラスと雑貨屋に入るまでの動線を交差させることで、人々の交流もここでうまれるのではないかと考える。
カフェと雑貨屋は1階部分のみで道路に面した配置となっていて客の入りやすさを重視した設計とした。
カフェスペースだが、仕切りの壁等はほぼ設置せずに全体を見渡せるような開放的な空間にしている。これには計画地周辺に病院やオフィスが並ぶことから、昼の休憩時には開放的な場所で同僚と喋りながらリラックスした時間を過ごしてほしいという思いが込められている。
雑貨屋にはカフェのテラスに面した部分に約5mのガラスを張っている。これによりカフェのテラスにいる人や道路を通る人々に店内の雰囲気を感じ取ってもらうことができたり、何が売られているかなどが分かるようになっている。

一階平面図

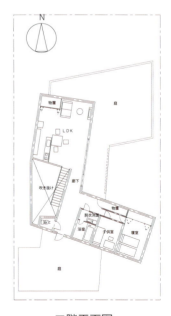

二階平面図

コンセプトは"「また来たい」と思える、自分だけのお気に入りの空間がある場所"である。
名古屋駅徒歩三分でありながらも計画地が路地にあるため人通りが少ない印象を受けた。また周辺にはオフィスビルが並び、塾や病院などくつろげる空間がなかった。そのため、立ち寄る人一人ひとりが「また来たい」と思える、また住人にとっては「早く帰りたい」と思えるような場所を作ろうと考えた。コンセプトにある通り、計画地のような路地において、また来たいと思ってもらえるような空間にするには、自分だけのお気に入りの空間があり、リラックスできる居場所があることだと考える。そのため、この建物には目的にとらわれず、自由に使えるフリースペースを多く設置した。そういった場所を多く設置することにより、「また来たい」と自然に思えるような空間を目指した。

住宅のコンセプトは繋がりのある暖かい空間

図は住宅の吹き抜け部分を表したもの。吹き抜けを中心としたつながりのある空間を意識した。玄関を開けるとすぐに吹き抜けと天窓が設けられたスペースに当たる。この空間だが用途は決めず時にはサブダイニングとして、時には応接間として様々なシチュエーションで使うことができる。

住宅の中心に位置する天窓だが、天窓には日光が直接入ってくるため室音が高くなり過ぎるというデメリットがある。そこで吹き抜けからLDKや廊下部分を繋げる事によってそのデメリットを改善している。またLDKや廊下からは直接的なまぶしい光ではなく間接的に光を感じることができるので、家全体が暖かみのある空間になっている。

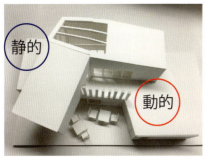

住宅に設置する二つの庭

コンセプトに在る通り、住宅には多くのフリースペースを設置した。住宅から出られる二つの庭だが、左図のように静的と動的といったコンセプトがある。動的な庭には芝を床面積を広く取ることで、子どもと遊ぶことができたりそこでのびのびと昼寝をすることも出来る。またダイニングスペースともつながっている庭なので、晴れの日にはそこで食事を取ることも可能となっている。静的な庭は動的なほうよりも面積が狭く室内とのつながりが扉一枚となっていて、閉鎖的かつ静的なイメージを持たせることで落ち着きのある空間を目指した。

建物の外観について

もう一度来たいと思われるには、建物の外観も非常に重要だと考える。東側につけられた4mもの出っ張った2階部分はキャンティレバーで支え、印象となる部分でもあるので東西南北どの道から建物に当たった時でも目に入るように設計をしている。また、キャンティレバーの下の部分が陰になり、カフェのテラスに日陰の部分と日向の部分を作った。夏季で涼みたい時や落ち着いた気分の時は日陰となっている部分に行き、秋など暖まりたい時には日向のほうに行く。座る場所を変えるだけで全く違う空間になるのがこのテラスのコンセプトになっている。

水 / ガラス / 茶室

プログラム：住宅付商業施設（2年次後期設計）
構想／制作：13 週間／2 週間
計画敷地：愛知県名古屋市中村区則武 1 丁目 3-8
制作費用：2,000 円

細井 大夢
Hiromu Hosoi

2年生

平面図

名古屋という大都市に住む人々が求めているものは何だろうか。

ベットタウンともいえる駅の西側には、くつろぎを求めている塾帰りの高校生、会社帰りの人がたくさんいる。くつろぎを求めてさまよっている都市の落ち武者がいるのだ。

そこで本提案では、千利休の時代から続く戦う武士たちの癒しであったわび茶を楽しめる、茶室カフェを提案する。

騒がしい駅前から少し距離を置いて、カフェではわび茶を、物販では、お茶菓子を販売し、中庭には知る人ぞ知る、隠れ家が存在する。

内観パース

茶室から見える景色は人にくつろぎを与える空間となる。
外に見えるのは日本の自然である。内と外が一体となるような空間を演出した。

外観パース

上の写真は不審庵という茶室の庭である。
木々に囲まれ、視界を遮る竹垣のフェンスが設置されている。
深緑が静かで落ち着きのある空間を作り出している。

緑が広がる憩いの場

プログラム：住宅付商業施設（2年次後期設計）
構想／制作：3ヶ月
計画敷地：愛知県名古屋市中村区則武1丁目3-8
制作費用：3,500円

細越 建人
Kento Hosogoe

2年生

コンセプト

物販店（本屋）

名駅西側の発展を促しつつ学生やサラリーマン、OLといった幅広い年齢層の人々の憩いの場となるような癒やしと安らぎを与える空間を形成する。

カフェ

天井高を5メートルと物販店より高くすることで建物に立体感を生み出す。また内部に開放感を与えることで居心地のよい空間となる。

住宅

機能ごとに部屋を分け中央にリビングを配置することで家族間のコミュニケーションを促す。

名駅は中部地方の政治、経済、文化、交通の中枢を担っており名駅から栄にかけて巨大な地下街が形成されている。しかし、名駅西側は名駅開業以後も市街地として発展が遅れ、現在でも田畑が見受けられ東側と比べると寂れていると言わざるを得ない。名駅周辺には多種多様な年齢層の人々が行き交い学習塾、オフィス、専門学校が立ち並んでいる。

人々は生活に追われ多忙な生活を営んでいる。そこで、私はそんな人々のための憩いの場を設けることを提案する。自然を取り込むことで癒しを得ることができ、環境面でも期待出来る。屋根上に開かれたオープンスペースではそこへ訪れた人と交流を図るきっかけをつくる。

現在の名古屋駅周辺の様子

名古屋駅周辺に共通して言えることは緑が少なくビルが乱立しており殺風景であることである。緑を取り入れることで都市環境を改善し、リニア開通で人々の流入による交流を図るきっかけをつくってくれる。

物販店屋上
物販店の屋根上を庭園として利用する。屋上庭園では緑にふれあいながら楽しい時間を過ごすことが出来る。

中庭
中庭にベンチを設ける。ここに訪れた人がくつろいだり、おしゃべりして過ごす。

ピロティ
ちょうどよい小陰となりその姿を目にした人は興味を持ち自然と足を運ぶ。

カフェ
カフェ南側に大きめの開口とハイサイドライトを設けることにより日光と風を取り入れる。また中庭のオープンスペースに視線を通す。

住宅屋上
住宅の屋根上を庭園として利用する。屋上では家庭菜園、バーベキューなど使い方は様々である。屋上を緑化して断熱効果も期待出来る。

呼吸する地面　From the past to the future

プログラム：住宅付商業施設（2年次後期設計）
構想／制作：9週間／6週間
計画敷地：名古屋市中村区則武一丁目 3-8
制作費用：5,000 円

三輪 真太郎
Shintaro Miwa

2年生

名古屋駅周辺の地面はそのほとんどがコンクリートに覆われている。その上には鉄筋、鉄骨で建てられた高層建築物が競うように乱立している。しかしこうなるより以前の地面は土であり、建物も多くはなかった。そこで、私は今現在コンクリート、セメントに押しつぶされてしまっている地面の土に焦点を当てて、これまで抑えつけられていた土の地面がセメントでできた地面を持ち上げ顔を出す。そんなイメージでデザインし土の地面の主張を考えた。

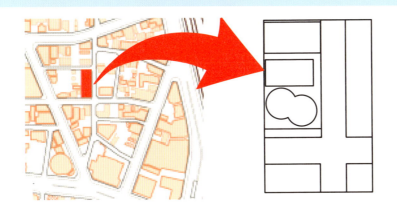

周辺環境考察
・名古屋駅近辺
・交通量多し
・大通りから一本入った場所
・付近に飲食店多し
・付近に住宅数軒あり
・人通り良好
・周辺環境から車客より徒歩による買い物客が大半であると予想できる。

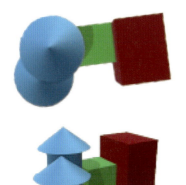

青の棟：古本屋
　外観は幾重にも重なった地層をイメージしたレンガ壁。その中には水を模した青色系のステンドグラスの窓を入れる。

緑の棟：カフェ
　外観のテクスチャには銅板や鉄くずのようなものを使う。金属なのでキラキラしていて一見きれいではあるが、よく見ると廃棄物でできているということが肝である。

赤の棟：住宅
　本屋と同じくレンガの壁だが、その中に植物を生やしより生気を持たせた。

この三棟には昔、現在、未来を関連づけている。
　青の棟：古本屋は近代化よりも前の時代、地面は道となり住宅地となり、農地などになり健全に地表に出ていた。
　緑の棟：カフェは地面が産業革命や戦争など近代化などにより汚れてしまい、しかしそのことに目を向けられていない。
　赤の棟：住宅は汚した地面を人工的に浄化したい。そんな願いを込めて、青の棟よりも美しい外観にしたいと考えた。

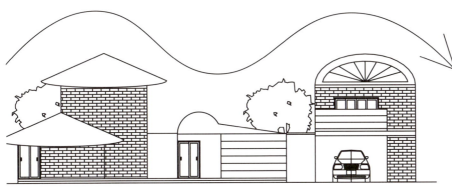

ダイアグラム
　外観のデザインには流れがある。南から3棟見たときに上下にうねる流れがあるがこれは建物に躍動感を与え人を惹きつける。建築材料についても本屋は過去の土をイメージしてレンガをもちいて健全なころの土を表現している。アクセントカラーに水をモチーフにした水色のタイルがはってある。カフェは現在を示し多種の金属で人によって汚された地層を表わしている。住居は未来を示し、レンガに加え緑や青のタイル、壁面には草が生えたようにして生命があふれているそんなイメージのデザインをした。

61

総合資格学院は学科試験も設計製図試験も「日本一」の合格実績！

平成29年度 1級建築士 学科＋設計製図試験

ストレート合格者占有率 70.7%
〈平成29年12月23日現在〉

全国ストレート合格者 1,564名中／
総合資格学院現役受講生 1,105名

全国ストレート合格者の7割以上は総合資格学院の現役受講生！

平成29年度 1級建築士 設計製図試験

合格者占有率 63.7%
〈平成29年12月23日現在〉

全国合格者 3,365名中／
総合資格学院現役受講生 2,145名

全国の合格者のおよそ3人に2人は総合資格学院の現役受講生！

平成29年度 1級建築士 学科試験

合格者占有率 52.7%
〈平成29年9月13日現在〉

全国合格者 4,946名中／
総合資格学院現役受講生 2,607名

全国合格者の2人に1人以上は総合資格学院の現役受講生！

平成30年度はより多くの受講生のみなさまを合格へ導けるよう全力でサポートしてまいります。

平成30年度 1級建築士設計製図試験 合格者占有率目標

全国の合格者の**8割以上**を総合資格学院現役受講生で！

目標 合格者占有率 80%以上

おかげさまで「1級建築士合格者数日本一」を達成し続けています。
これからも有資格者の育成を通じて、業界の発展に貢献して参ります。

総合資格学院　学院長　岸 隆司

愛知産業大学 建築設計優秀展2017

発行日　　2018 年 1 月 19 日

編　著　　愛知産業大学 ACT

発行人　　岸 隆司
発行元　　株式会社 総合資格
〒163-0557　東京都新宿区西新宿 1-26-2 新宿野村ビル 22F
TEL 03-3340-6714（出版局）
株式会社 総合資格　　　　　　http://www.sogoshikaku.co.jp/
総合資格学院　　　　　　　　　http://www.shikaku.co.jp/
総合資格学院　出版サイト　　　http://www.shikaku-books.jp/

印　刷　　セザックス 株式会社
編　集　　株式会社 総合資格　出版局（新垣宜樹、金城夏水）
デザイン・DTP　株式会社 総合資格　出版局（小林 昌）
表紙デザイン　　迫水ヒサ

ISBN 978-4-86417-234-9
Printed in Japan
© 愛知産業大学 ACT
本書の一部または全部を無断で複写、複製、転載、あるいは磁気媒体に入力することを禁じます。